Zitronen

Herzhaft & süß

Jan Thorbecke Verlag

Inhalt

Hausgemachte Zitronenlimonade

ZUTATEN FÜR 1,2 L

6 Bio-Zitronen
4 Stängel Minze
150 g Zucker

1. Die Zitronen heiß waschen, trocken tupfen und die Schale dünn abschneiden (ohne weiße Haut). Den Saft auspressen.
2. Saft und Schale mit 250 ml Wasser, der Minze und der Hälfte des Zuckers in einen Topf füllen. Gut verrühren und über Nacht abgedeckt ziehen lassen. Dann mit dem restlichen Zucker und weiteren 250 ml Wasser aufkochen lassen. Etwa 5 Minuten sprudelnd kochen. Durch ein Sieb gießen und abkühlen lassen.
3. Mit etwa 500 ml kaltem Wasser (oder Mineralwasser) verdünnen und die Limonade in vorbereitete Flaschen gefüllt bis zum Servieren kalt stellen.

Smoothie aus Sellerie, Apfel, Kiwi und Zitrone

ZUTATEN FÜR 4 GLÄSER

200 g Knollensellerie
2 Kiwis
2 Äpfel
2 Zitronen
1 Orange
1 EL Leinöl
2–3 EL Ahornsirup
ca. 200 ml gut gekühltes Mineralwasser
1 Stängel Petersilie, nach Belieben zur Deko

1. Den Sellerie schälen und würfeln. Die Kiwis schälen. Die Äpfel waschen, vierteln und das Kerngehäuse herausschneiden. Den Saft der Zitronen und der Orange auspressen.
2. Alle vorbereiteten Zutaten zusammen mit dem Öl und dem Ahornsirup in einen Mixer füllen und fein pürieren. Den Smoothie in Gläser gießen und mit dem Mineralwasser auffüllen. Nach Belieben mit Petersilie garnieren.

Karottensalat mit Zitrone, Mango und Radieschen

ZUTATEN FÜR 1,2 L

2 gelbe Bete
125 ml Mango-Orangen-Saft (alternativ Orangensaft)
1 TL Kurkuma
Salz
2–3 EL Weißweinessig
½ TL Honig
1 orange Paprika
2 Möhren
½ Handvoll Rucola
1 Bio-Zitrone
4–5 Radieschen
Zitronensaft
2 EL Olivenöl
Essblüten zum Garnieren
geröstete Sojabohnen (optional)

1. Die Bete putzen, waschen, halbieren und in hauchdünne Scheiben schneiden. Den Saft mit der Kurkuma, dem Salz, dem Essig und dem Honig aufkochen, die Bete einlegen und in ca. 4 Minuten bissfest garen. Herausnehmen, abtropfen lassen, den Sud aufheben und die Betescheiben auf Teller auslegen.
2. Die Paprika waschen, putzen, in Spalten schneiden und diese quer in Streifen schneiden. Die Möhren schälen, eine in Scheiben schneiden, die andere in lange, feine Streifen hobeln. Den Rucola verlesen, waschen und trocken schütteln. Die Zitrone heiß waschen, trocken reiben und in dünne Scheiben schneiden. Die Radieschen putzen, waschen und in dünne Scheiben hobeln. Alles dekorativ auf den Betescheiben anrichten.
3. Den Mangosud mit Zitronensaft abschmecken, das Öl unterquirlen und das Dressing auf den Salat träufeln. Mit Essblüten und ggf. gerösteten Sojabohnen garnieren.

Gerösteter Spargelsalat
mit Zitronencrumble-Topping

ZUTATEN FÜR 4 PERSONEN

2 Bio-Zitronen
1 kg grüner Spargel
8 EL Olivenöl
Salz
Pfeffer aus der Mühle
100 g Weißbrot
1 Knoblauchzehe
2 EL Butter
150 g Pflücksalat
4 EL Balsamico
1 EL Honig
1 Handvoll gemischte Sprossen

1. Den Ofen auf 200 °C Ober-/Unterhitze vorheizen.
2. Die Zitronen heiß waschen, trocken tupfen und die Schale abreiben. Eine Zitrone in Scheiben schneiden und den Saft der zweiten Zitrone auspressen. Den Spargel waschen, im unteren Drittel schälen, holzige Enden abschneiden und die Stangen auf ein mit Backpapier belegtes Backblech legen. Mit dem Zitronensaft und 2 EL Öl beträufeln und mit Salz und Pfeffer würzen. Mit den Zitronenscheiben belegen und im Ofen ca. 20 Minuten rösten. Aus dem Ofen nehmen und abkühlen lassen.
3. Inzwischen das Weißbrot klein zerpflücken. Den Knoblauch schälen und fein hacken. Zusammen mit dem Brot in einer heißen Pfanne in 2 EL Öl goldbraun braten. Den Zitronenabrieb und die Butter unterschwenken. Das Crumble-Topping aus der Pfanne nehmen und abkühlen lassen.
4. Den Pflücksalat abbrausen, trocken schleudern, verlesen und in eine Schüssel füllen. Für das Dressing den Balsamico mit dem Honig und dem restlichen Öl verrühren. Mit Salz abschmecken. Die Sprossen abbrausen und abtropfen lassen. Mit etwas Pflücksalat auf dem Spargel verteilen und ein wenig Dressing darüberträufeln. Mit dem Crumble-Topping bestreuen und die übrigen Zutaten zum Spargelsalat servieren.

Zitroniger Weizensalat

mit grünen Bohnen, Lauch und roten Zwiebeln

ZUTATEN FÜR 4 PERSONEN

ca. 400 ml Gemüsebrühe
1 Stange Lauch
200 g grüne Bohnen
2 Bio-Zitronen
200 g Zartweizen
Salz
1 rote Zwiebel
3 EL Weißweinessig
4 Eier
1 EL Honig
3 EL Olivenöl
Piment d'Espelette
Pfeffer aus der Mühle
Dillspitzen zum Garnieren

1. Die Brühe in einem Topf aufkochen lassen. Den Lauch waschen, putzen und in Ringe schneiden. Die Bohnen waschen und putzen. Die Zitronen heiß waschen, trocken tupfen, die Schale abreiben und den Saft auspressen. Den Abrieb mit der Hälfte des Safts, dem Lauch, den Bohnen und dem Zartweizen in die Brühe geben. Leicht salzen, den Deckel auflegen und ca. 10 Minuten köcheln lassen. Die Flüssigkeit sollte aufgesogen worden sein. Die Zwiebel schälen und fein würfeln. Unter den Weizen mischen, alles in eine Schüssel füllen und abkühlen lassen.
2. Den Essig mit ca. 2 l Wasser in einem weiten Topf aufkochen lassen. Die Temperatur reduzieren, mit einem Kochlöffel einen Strudel im Wasser bilden und die aufgeschlagenen Eier jeweils nacheinander in das Wasser gleiten lassen. Etwa 4 Minuten pochieren.
3. Den übrigen Zitronensaft mit dem Honig, dem Öl, dem Piment d'Espelette und etwas Salz verrühren und unter den Salat mischen. Auf Tellern anrichten und jeweils ein abgetropftes Ei dazulegen. Mit Pfeffer übermahlen und mit Dill garniert servieren.

Pasta

mit cremiger Zitronen-Kürbis-Sauce und Spinatsalat mit Birnen und Oliven

ZUTATEN FÜR 4 PERSONEN

300 g Kürbisfruchtfleisch, z.B. Butternuss
1 Bio-Zitrone
1 Knoblauchzehe
1 Schalotte
4 EL Olivenöl
1 EL Honig
ca. 200 ml Gemüsebrühe
Salz
Zitronenpfeffer
400 g Linguine
2 Handvoll Babyspinat
1 kleine Birne
80 g schwarze Oliven ohne Stein
100 ml Sahne
4 EL geriebener Parmesan
2 EL Apfelessig

1. Das Kürbisfruchtfleisch klein würfeln. Die Zitrone heiß waschen, trocken tupfen, die Schale fein abreiben und den Saft auspressen. Den Knoblauch und die Schalotte schälen, fein würfeln und mit dem Kürbis in einer heißen Pfanne in 2 EL Öl farblos anschwitzen. Mit dem Honig beträufeln und leicht karamellisieren. Die Brühe mit dem Zitronensaft angießen, den Zitronenabrieb untermischen und mit Salz und etwas Zitronenpfeffer würzen. Den Deckel auflegen und etwa 15 Minuten weich köcheln lassen.
2. Inzwischen die Nudeln in Salzwasser al dente kochen. Den Spinat abbrausen, verlesen und trocken schleudern. Die Birne waschen, vierteln, das Kerngehäuse herausschneiden und die Viertel in schmale Spalten schneiden. Die Oliven halbieren.
3. Die Sahne zum Kürbis gießen, diesen leicht stückig zerdrücken (oder kurz pürieren) und offen weitere ca. 5 Minuten sämig einkochen lassen. Die Sauce abschmecken und die abgetropften Nudeln mit 2 EL Parmesan untermischen. Auf Tellern anrichten und mit dem übrigen Parmesan bestreuen.
4. Die Salatzutaten mit dem übrigen Öl und dem Essig vermischen und neben die Pasta setzen. Mit Zitronenpfeffer servieren.

Cavatellucci
mit Pesto und Zitrone

ZUTATEN FÜR 4 PERSONEN

500 g Cavatellucci-Nudeln, alternativ Penne o.Ä.
Salz
1 Handvoll Basilikum
2 Knoblauchzehen
100 ml mildes Olivenöl
50 g Pinienkerne
80 g geriebener Parmesan
1 Bio-Zitrone
Pfeffer aus der Mühle
2 rote Zwiebeln
50 g Butter

1. Die Pasta nach Packungsanleitung in reichlich kochendem Salzwasser bissfest garen. Abgießen und abtropfen lassen.
2. In der Zwischenzeit das Basilikum waschen und trocken schütteln, die Blätter von den Zweigen zupfen. Den Knoblauch schälen und klein schneiden. Das Basilikum, den Knoblauch, das Olivenöl, die Pinienkerne und den Parmesan in einem Möser zu einem Pesto verarbeiten.
3. Die Zitrone waschen und mit einem Sparschäler schälen. Die Schale fein würfeln und mit dem Pesto vermischen. Mit Salz und Pfeffer abschmecken. Die Zitrone halbieren und auspressen. Die Zwiebeln schälen, vierteln und in Streifen schneiden.
4. Die Butter in einer großen Pfanne zerlassen, die Zwiebeln darin glasig anschwitzen und die Pasta darin unter Rühren erhitzen. Vom Herd ziehen und das Pesto einrühren. Auf Tellern verteilen und sofort servieren.

Spaghetti und Hähnchenbrust
mit Parmesancreme und Zitrone

ZUTATEN FÜR 4 PERSONEN

350 g Spaghetti
Salz
1 Bio-Zitrone
400 g Hähnchenbrustfilet
Pfeffer aus der Mühle
Pflanzenöl zum Anbraten
150 ml Sahne
4 EL geriebener Parmesan
40 g Butter
Kerbel zum Garnieren

1. Die Spaghetti in Salzwasser al dente kochen.
2. Die Zitrone heiß waschen, trocken tupfen, die Schale in feinen Zesten abziehen und den Saft auspressen.
3. Das Hähnchen abbrausen, trocken tupfen und in ca. 12 daumendicke Streifen schneiden. Mit Salz und Pfeffer würzen und in einer heißen, mit Öl bepinselten Grillpfanne auf beiden Seiten 6–8 Minuten goldbraun garen. Die Sahne mit 2 EL Parmesan unter Rühren erhitzen. Mit Salz abschmecken und kurz vor dem Servieren aufschäumen.
4. Die Nudeln abtropfen lassen und in einer heißen Pfanne mit der Butter und dem Zitronensaft schwenken. Auf Teller setzen und daneben das Hähnchen anrichten. Mit der Parmesancreme beträufeln und mit den Zitronenzesten bestreuen. Die Pasta mit dem übrigen Parmesan bestreuen und mit grob gezupftem Kerbel garniert servieren.

Hähnchen-Tajine

mit Zitrone und Oliven

ZUTATEN FÜR 4 PERSONEN

1 Hähnchen, küchenfertig, ca. 1,5 kg (z.B. Maishähnchen)
Salz
Pfeffer aus der Mühle
½ TL gemahlener Kreuzkümmel
½ TL gemahlener Koriander
1 EL Kurkumapulver
2 EL Olivenöl
2 Schalotten
3 frische Knoblauchzehen
ca. 150 ml Geflügelbrühe
100 g grüne Oliven ohne Stein
3 Bio-Zitronen
1 EL Honig
Koriandergrün zum Garnieren

1. Das Hähnchen abbrausen, trocken tupfen und in 6–8 Stücke teilen. Mit Salz, Pfeffer, Kreuzkümmel, Koriander und Kurkuma würzen und einer heißen Tajine oder alternativ in einem Schmortopf im Öl rundherum goldbraun anbraten. Die Schalotten schälen, halbieren und in feine Streifen schneiden. Den Knoblauch schälen und halbieren.
2. Das Hähnchen aus der Tajine nehmen und darin Schalotten und Knoblauch kurz anschwitzen. Die Brühe angießen. Die Oliven abtropfen lassen. Eine Zitrone halbieren und den Saft auspressen. Die übrigen Zitronen waschen und in Stücke schneiden.
3. Die Hähnchenteile zurück in die Tajine legen, die Zitronenstücke und die Oliven darüber verteilen und mit dem Zitronensaft und dem Honig beträufeln. Den Deckel auflegen und bei milder Hitze ca. 40 Minuten gar schmoren. Vor dem Servieren abschmecken und mit Koriandergrün garnieren.

In Zitronen und Kräutern mariniertes Schweinefleisch mit Reis-Gemüse-Salat

ZUTATEN FÜR 4 PERSONEN

2 Handvoll Kräuter, z.B. Petersilie, Koriandergrün, Thymian • 2 Bio-Zitronen • 1 Knoblauchzehe • 3 EL Olivenöl • 600 g küchenfertiges Schweinefilet • 250 g Langkornreis • 1 Zucchini • 150 g Zuckerschoten • 2 Möhren • 1 Bio-Limette • 1 EL Honig • Salz • Pfeffer aus der Mühle • 2 EL Pflanzenöl

1. Die Kräuter abbrausen, trocken schütteln, die Blätter abzupfen und grob hacken. Die Zitronen heiß waschen, trocken tupfen, die Schale abreiben und den Saft auspressen. Den Knoblauch schälen und in Scheiben schneiden. Mit der Hälfte der Kräuter, dem Zitronenabrieb, dem Olivenöl und der Hälfte des Zitronensafts in einen Gefrierbeutel füllen. Das Schweinefilet abbrausen, trocken tupfen und auch in den Beutel geben. Die Marinade einmassieren, den Beutel verschließen und mindestens 4 Stunden im Kühlschrank ziehen lassen.
2. Den Reis nach Packungsangabe garen. Die Zucchini und die Zuckerschoten abbrausen und putzen. Die Zucchini längs halbieren und in Scheiben schneiden. Die Möhren schälen und raspeln. Die Limette heiß waschen, trocken tupfen, die Schale abreiben und den Saft auspressen. Beides mit dem übrigen Zitronensaft, dem Honig sowie Salz und Pfeffer zu einem Dressing verrühren. Die Zucchini und die Zuckerschoten während der letzten 1–2 Minuten mit zum Reis geben und zusammen fertig garen. Anschließend kurz abschrecken und abtropfen lassen. In einer Schüssel mit den Möhren und dem Dressing vermischen. Mit Salz und Pfeffer würzen und abkühlen lassen.
3. Den Ofen auf 120 °C Ober-/Unterhitze vorheizen. Das Fleisch aus der Marinade nehmen, trocken tupfen und mit Salz und Pfeffer würzen. In einer heißen Pfanne im Pflanzenöl rundherum braun anbraten. Auf dem Gitter im Ofen (Fettpfanne darunterstellen!) ca. 30 Minuten fertig garen. Die übrigen Kräuter unter den Salat mengen, abschmecken und den Salat mit dem Fleisch servieren.

Gebratene Langostinos

mit Kräutern und Zitrone

ZUTATEN FÜR 4 PERSONEN

24 küchenfertige Langostinos
6 EL Olivenöl
Salz
Pfeffer aus der Mühle
2 Bio-Zitronen
1 Handvoll gemischte Kräuter, z.B. Salbei, Kerbel und Petersilie
1 Knoblauchzehe
150 g Crème fraîche
Zitronenpfeffer

1. Die Langostinos abbrausen, trocken tupfen und längs halbieren. Mit 2–3 EL Öl beträufeln und mit Salz und Pfeffer würzen. Eine Zitrone in Scheiben schneiden. Zusammen mit den Langostinos auf der heißen Grillplatte (oder auf einem Grill oder in einer Pfanne) ca. 5 Minuten goldbraun braten.
2. Die Kräuter abbrausen, trocken schütteln, die Blätter abzupfen und fein hacken. Die zweite Zitrone heiß waschen, trocken tupfen, die Schale fein abreiben und den Saft auspressen. Den Abrieb mit den Kräutern und dem restlichen Öl verrühren. Den Knoblauch schälen und fein hacken. Unter die Crème fraîche rühren und mit gemörsertem Zitronenpfeffer und Salz abschmecken.
3. Die Langostinos mit dem Zitronensaft beträufeln, vom Grill nehmen und auf Tellern anrichten. Mit dem Kräuteröl beträufeln und den Dip dazu servieren. Dazu nach Belieben z.B. Tomaten-Gurkensalat reichen.

Lachsfilet

aus dem Ofen mit Zitrone, Kumquats und Fenchel

ZUTATEN FÜR 4 PERSONEN

3-4 EL Olivenöl
800 g Lachsfilet, küchenfertig, ohne Haut und Gräten
1 Bio-Zitrone
4 Bio-Kumquats
1 EL Ahornsirup
bunter Pfeffer aus der Mühle
Meersalz
1 TL gemörserte Fenchelsamen
1 EL frisch gehackter Dill
1 EL Schnittlauchröllchen

1. Den Ofen auf 200 °C Ober-/Unterhitze vorheizen. Eine Backform mit Öl auspinseln.
2. Den Lachs abbrausen, trocken tupfen und in die Form legen. Die Zitrone und die Kumquats heiß waschen und trocken reiben. Eine halbe Zitrone und die Kumquats in dünne Scheiben schneiden. Den Saft der übrigen halben Zitrone auspressen und mit dem Ahornsirup und dem restlichem Öl über den Lachs träufeln. Mit den Kumquat- und Zitronenscheiben belegen und mit Pfeffer übermahlen. Mit Salz und Fenchel bestreuen und den Lachs im Ofen ca. 20 Minuten backen. Mit Dill und Schnittlauch bestreut servieren.

Kabeljaufilet

mit Salz-Zitronen und Basilikum, dazu Nudelsalat mit Gurke, Mango und Feta

ZUTATEN FÜR 4 PERSONEN

FÜR DEN NUDELSALAT

350 g Penne oder Vollkorn-Penne • Salz • 1 reife Mango • 1 rote Zwiebel • 150 g Feta • ¼ Gurke • 1 Handvoll Rucola • 3 EL Weißweinessig • 35 ml Olivenöl • Pfeffer aus der Mühle

FÜR DEN FISCH

4 Kabeljaufilets à ca. 150 g • 30 g flüssige Butter • 2 Salzzitronen aus dem Glas (Rezept Seite 63 oder fertig gekauft) • 1 Handvoll Basilikum

1. Die Nudeln nach Packungsanleitung in reichlich kochendem Salzwasser garen, abgießen, kalt abspülen und abtropfen lassen.
2. Den Backofen auf 200 °C Ober-/Unterhitze vorheizen.
3. Die Mango schälen, das Fruchtfleisch vom Stein schneiden und würfeln. Die Zwiebel schälen und klein schneiden. Den Feta zerbröckeln, die Gurke waschen und würfeln. Den Rucola waschen und trocken schleudern. Nudeln, Mango, Zwiebel, Gurke und Feta mit dem Essig und dem Olivenöl vermengen, mit Salz und Pfeffer würzen.
4. Den Fisch abbrausen und trocken tupfen. In einer Auflaufform mit der Butter bepinseln, mit Salz und Pfeffer würzen und mit den in Scheiben geschnittenen Salzzitronen belegen. Im Ofen ca. 20 Minuten garen. In der Zwischenzeit das Basilikum waschen, trocken schütteln und die Blätter klein schneiden. Den fertig gegarten Fisch damit bestreuen; den Rucola unter den Nudelsalat heben.
5. Fisch und Nudelsalat (nach Belieben in Schälchen) auf Tellern anrichten und servieren.

Makrele mit Zitrone

in Pergamentpapier gegart und Salat aus Artischockenherzen

ZUTATEN FÜR 4 PERSONEN

FÜR DEN FISCH

4 Bio-Zitronen • 2 Knoblauchzehen • 1 Handvoll Petersilie • 4 Makrelen, küchenfertig, à ca. 350 g (alternativ Forelle, Wolfsbarsch oder Saibling) • Salz • Pfeffer aus der Mühle • 60 g Butter

FÜR DEN SALAT

2 Bio-Zitronen • 8 kleine Artischocken • 4 EL Olivenöl

1. Den Ofen auf 200 °C Ober-/Unterhitze vorheizen.
2. Die Zitronen heiß waschen, trocken tupfen und die Schale in feinen Zesten abziehen. Anschließend die weiße Haut der Früchte abschneiden und das Fruchtfleisch in Scheiben schneiden. Den Knoblauch schälen und in dünne Scheiben schneiden. Die Petersilie abbrausen, trocken schütteln und die Blätter abzupfen. Einige Blätter zum Garnieren beiseitelegen.
3. Die Makrelen waschen, trocken tupfen und innen wie außen mit Salz und Pfeffer würzen. Mit Zitronenscheiben, Knoblauch und Petersilie füllen und jeweils auf einen Bogen Pergamentpapier legen. Mit den Zitronenzesten bestreuen und mit der Butter in Flöckchen belegen. Papier zu Päckchen formen und verschließen. Auf das Ofengitter legen und im Ofen ca. 25 Minuten garen.
4. Für den Salat die Zitronen heiß waschen, eine Zitrone zum Servieren in Stücke schneiden, die zweite Zitrone in Scheiben schneiden und in einer Schüssel mit kaltem Wasser übergießen. Die Artischocken putzen und die Herzen längs vierteln. In das Zitronenwasser legen. Dann in kochendem Salzwasser 2–3 Minuten blanchieren, abschrecken und abtropfen lassen. Mit Olivenöl beträufeln und leicht salzen. Mit den Zitronenstücken zum Beträufeln garnieren.
5. Die Makrelen aus dem Ofen nehmen, mit der restlichen Petersilie bestreuen und mit dem Salat servieren.

Zitronen-Pannacotta

ZUTATEN FÜR 4 PERSONEN

5 Blatt Gelatine
3 Bio-Zitronen
400 ml Sahne
1 EL Vanillezucker
60 g Zucker
200 ml Buttermilch

1. Die Gelatine in kaltem Wasser einweichen. Die Zitronen heiß waschen, trocken tupfen und die Schale abreiben. (Der Saft kann für etwas anderes verwendet werden.)
2. Etwas Abrieb zum Garnieren aufbewahren, den Rest mit der Sahne, dem Vanillezucker und dem Zucker in einen Topf füllen und aufkochen lassen. Rühren, bis sich der Zucker gelöst hat. Vom Herd nehmen und etwa 10 Minuten ziehen lassen. Die ausgedrückte Gelatine in der noch warmen Zitronen-Sahne auflösen. Durch ein Sieb gießen und abkühlen lassen. Dann die Buttermilch unterrühren.
3. In 4 Gläser füllen und mindestens 4 Stunden im Kühlschrank fest werden lassen. Die Pannacotta mit dem übrigen Zitronenabrieb bestreut servieren.

Saftige Zitronenküchlein
mit flüssigem Lemon-Curd-Kern

ZUTATEN FÜR 4 PERSONEN

8 EL Lemon Curd (Rezept Seite 60 oder fertig gekauft)
weiche Butter und Mehl für die Förmchen
1 Bio-Zitrone
2 Eier
50 g Zucker
60 g flüssige Butter
2 EL Grieß
½ TL Backpulver
2 EL Mehl
Puderzucker zum Bestäuben

1. Das Lemon Curd in 8 Eiswürfelmulden (möglichst halbrund) füllen und ca. 1 Stunde gefrieren lassen.
2. Den Ofen auf 200 °C Ober-/Unterhitze vorheizen. Vier kleine Backförmchen (Soufléförmchen) mit Butter auspinseln und mit Mehl ausstreuen.
3. Die Zitrone heiß waschen, trocken tupfen und die Schale abreiben. Den Saft auspressen. Die Eier mit dem Zitronensaft und dem Zucker leicht schaumig schlagen. Die Butter mit dem Zitronenabrieb unterrühren. Den Grieß mit dem Backpulver und dem Mehl untermischen.
4. Die Hälfte des Teiges in die Förmchen füllen (am besten mit dem Spritzbeutel) und in die Mitte das gefrorene Lemon Curd setzen. Mit dem übrigen Teig bedecken und im Ofen 10–15 Minuten goldbraun backen. Aus dem Ofen nehmen und mit Puderzucker bestäubt warm servieren.

Zitronen-Haselnuss-Donuts

ZUTATEN FÜR 12 STÜCK

FÜR DEN TEIG

450 g Mehl • 60 g Zucker • Abrieb einer Bio-Zitrone • ½ Würfel Hefe (21 g) • 200 ml lauwarme Milch • 2 Eier • 80 g weiche Butter • Mehl zum Arbeiten • Pflanzenöl zum Frittieren

ZUM VERZIEREN

2 Bio-Zitronen • 50 g Zucker • Saft einer Orange • 150 g Puderzucker • 2-3 TL Sahne • 40 g Haselnusskerne • 1 EL getrocknete Zitronenschale

1. Das Mehl in eine Schüssel sieben, mit dem Zucker und dem Zitronenabrieb vermischen. Die Hefe in der Milch auflösen und mit den Eiern und der Butter zum Mehl geben. In der Küchenmaschine verkneten, bis sich der Teig vom Schüsselrand löst. Abgedeckt an einem warmen Ort ca. 1 Stunde gehen lassen.
2. Anschließend den Teig auf bemehlter Arbeitsfläche ca. 1,5 cm dick auswellen. Etwa 12 Kreise (Durchmesser ca. 8 cm) und aus der Mitte je ein kleines Loch (Durchmesser ca. 2 cm) ausstechen. Mit einem Küchentuch abdecken und weitere ca. 30 Minuten gehen lassen.
3. Das Öl in einem Topf oder der Fritteuse auf ca. 170 °C erhitzen und die Donuts darin portionsweise etwa 2 Minuten je Seite goldbraun ausbacken. Danach herausnehmen und auf einem Gitter abtropfen lassen. Gut abkühlen lassen.
4. Zum Verzieren die Zitronen heiß waschen, trocken tupfen und die Schale abreiben. Den Saft auspressen und beides mit dem Zucker, 100 ml Wasser und dem Orangensaft aufkochen und etwa 5 Minuten kochen lassen. Den Sirup abkühlen lassen und durch ein Sieb gießen. Den Puderzucker mit der Sahne dickflüssig anrühren und auf die Donuts streichen. Mit dem Zitronensirup beträufeln. Die Haselnüsse mit der Zitronenschale im Mörser fein zerstoßen und über den Guss streuen.

Zitronen-Baisergebäck
nach Macaron-Art

ZUTATEN FÜR CA. 15 STÜCK

80 g gemahlene geschälte Mandeln
110 g Puderzucker
2 Bio-Zitronen
2 Eiweiß
20 g Zucker
4-5 Tropfen gelbe Lebensmittelfarbe
1 Handvoll Johannisbeeren
150 g Lemon Curd (Rezept Seite 60 oder fertig gekauft)

1. Die Mandeln mit dem Puderzucker mischen und fein sieben. Die Zitronen heiß waschen, trocken tupfen und die Schale abreiben. (Der Saft kann für etwas anderes verwendet werden.)
2. Die Eiweiße steif schlagen, dann den Zucker nach und nach einrieseln lassen und weiter steif schlagen. Die Mandelmischung mit dem Zitronenabrieb darüberstreuen und unterheben. Sollte die Masse zu flüssig sein, noch Mandeln ergänzen. Mit etwas Lebensmittelfarbe beträufeln, nicht untermischen und in einen Spritzbeutel mit kleiner Tülle füllen.
3. Etwa 30 kleine, schneckenförmige Kreise (Durchmesser ca. 3 cm) auf ein mit Backpapier belegtes Backblech aufspritzen. 1 Stunde leicht antrocknen lassen.
4. Den Ofen auf 150 °C Ober-/Unterhitze vorheizen. Die Baisers im Ofen 10–12 Minuten backen. Mit dem Papier vom Blech nehmen und auskühlen lassen.
5. Die Johannisbeeren verlesen. Bei der Hälfte der Macarons auf der Unterseite Lemon Curd verteilen, darauf 1–3 Johannisbeeren setzen und jeweils ein zweites Macaron leicht daraufdrücken.

Kleine Zitronen-Cheesecakes

ZUTATEN FÜR CA. 8 KLEINE KUCHEN

FÜR DEN KEKSBODEN

200 g Löffelbiskuits oder Butterkekse • 50 g geschälte Mandelkerne • 100 g geschmolzene Butter

FÜR DIE CREME

4 Blatt Gelatine • 2 Bio-Zitronen • 400 g Frischkäse • 250 g Quark • 2 EL Vanillezucker • 80 g Zucker • 200 ml Sahne • Pflanzenöl und Puderzucker für die Förmchen • Bio-Zitronenscheiben zum Dekorieren

1. 8 Dessertringe (Durchmesser ca. 7 cm) auf ein mit Backpapier belegtes Blech stellen.
2. Für den Keksboden die Löffelbiskuits mit den Mandeln im Mixer fein zerkleinern und mit der Butter vermengen. In die Ringe füllen und als Boden gleichmäßig flach drücken. Kalt stellen.
3. Für die Creme die Gelatine in kaltem Wasser einweichen. Die Zitronen heiß waschen, trocken tupfen, die Schale abreiben und den Saft auspressen. Den Frischkäse mit dem Quark, dem Zitronensaft und -abrieb, dem Vanillezucker und dem Zucker cremig aufschlagen. Die Gelatine ausdrücken und in einem kleinen Topf erhitzen. Unter Rühren schmelzen lassen. Von der Hitze nehmen und 2–3 EL der Creme unterrühren. Die Gelatinemischung unter die restliche Creme rühren. Die Sahne steif schlagen und unterheben.
4. Die Creme in 8 Förmchen (mit Öl ausgepinselt und mit Puderzucker ausgestreut) füllen (Durchmesser der Ringe) und mindestens 4 Stunden kalt stellen. Die Küchlein aus den Formen stürzen und auf die Keksböden setzen. Nach Belieben mit Zitronenscheiben dekorieren.

TIPP

Alternativ können die Cheesecakes auch gleich in den Förmchen zubereitet und serviert werden.

Zitronenkuchen mit Zuckerguss

ZUTATEN FÜR EINE KASTENFORM

Pflanzenöl und Semmelbrösel für die Form
3 Bio-Zitronen
150 g weiche Butter
1 TL Vanille-Extrakt
150 g Roh-Rohrzucker
4 Eier
200 g Mehl
100 g gemahlene geschälte Mandeln
1 TL Backpulver
100 ml Buttermilch
100 g Frischkäse
4 EL Puderzucker
essbare Blüten zum Dekorieren (optional)

1. Den Ofen auf 180 °C Ober-/Unterhitze vorheizen. Die Kastenform mit Öl auspinseln und mit Bröseln ausstreuen.
2. 2 Zitronen heiß waschen, trocken tupfen und die Schale abreiben. Den Saft auspressen. Den Zitronenabrieb mit der Butter, der Vanille und dem Zucker cremig schlagen. Nach und nach die Eier zugeben und unterrühren. Das Mehl mit den Mandeln und dem Backpulver vermischen und mit 3 EL Zitronensaft und der Buttermilch unter die Eier-Creme rühren. Den Teig in die Form füllen und glattstreichen.
3. Im Ofen ca. 50 Minuten backen (Stäbchenprobe). Sollte der Kuchen zu dunkel werden, rechtzeitig mit Alufolie abdecken. Aus dem Ofen nehmen, abkühlen lassen, aus der Form lösen und auf einem Kuchengitter vollständig auskühlen lassen.
4. Für den Guss den Frischkäse mit dem Puderzucker und 2–3 EL Zitronensaft glattrühren. Über den Kuchen träufeln. Die übrige Zitrone heiß waschen, trocken tupfen und die Schale abreiben. Die Frucht in dünne Scheiben schneiden und auf den Guss legen. Mit dem Abrieb bestreuen und nach Belieben mit Blüten dekorieren.

Mohn-Zitronenkuchen

mit Schlagsahne und Pistazien

ZUTATEN FÜR 1 SPRINGFORM MIT 24 CM Ø

150 g Mehl
40 g Mohnsamen
50 g gemahlene geschälte Mandeln
2 EL Speisestärke
1 TL Backpulver
2 Bio-Zitronen + einige Zitronenscheiben zum Dekorieren
5 Eier
125 g Zucker
50 g geschmolzene Butter
500 ml Sahne
2 Päckchen Sahnesteif
150 g Lemon Curd (Rezept Seite 60 oder fertig gekauft)
60 g Pistazienkerne

1. Den Ofen auf 180 °C Ober/Unterhitze vorheizen. Den Boden der Springform mit Backpapier auslegen.
2. Das Mehl mit dem Mohn, den Mandeln, der Stärke und dem Backpulver vermischen. Die Zitronen heiß waschen, trocken tupfen und die Schale abreiben. Den Saft auspressen. Die Eier trennen und die Eigelbe mit dem Zitronenabrieb und dem Zucker cremig aufschlagen. Die Eiweiße mit 2 EL Zitronensaft steif schlagen und abwechselnd mit der Mehl-Mischung und der Butter unter das Eigelb ziehen.
3. Die Masse in die Form füllen, glattstreichen und im Ofen ca. 40 Minuten backen (Stäbchenprobe). Aus dem Ofen nehmen und auskühlen lassen. Den Kuchen waagerecht in 3 Böden teilen.
4. Die Sahne mit dem Sahnesteif steif schlagen. Das Lemon Curd leicht untermischen (marmoriert). Die Pistazien klein hacken. Die beiden unteren Böden mit etwa zwei Dritteln der Creme bestreichen, mit Pistazien bestreuen und aufeinandersetzen. Den Biskuit-Deckel auflegen und mit der übrigen Creme bestreichen. Mit den restlichen Pistazien bestreuen und mit Zitronenscheiben dekorieren.

Zitronen-Bavaroise

ZUTATEN FÜR 1 SPRINGFORM MIT CA. 24 CM Ø

FÜR DEN BISKUIT

4 Eier • 1 EL Zitronensaft • 75 g Zucker • 100 g Mehl •
2 EL Speisestärke • ½ TL Backpulver

FÜR DIE MARMELADE

2 Bio-Zitronen • 2 Bio-Limetten • 100 g Gelierzucker

FÜR DIE CREME

5 Blatt Gelatine • 4 Eigelb • 50 g Zucker • 250 Milch •
250 ml Sahne • Baiser- oder Sahnetupfen für die Dekoration (optional)

1. Den Ofen auf 180 °C Ober-/Unterhitze vorheizen. Den Boden der Springform mit Backpapier auslegen.
2. Die Eier trennen und die Eiweiße mit dem Zitronensaft steif schlagen. Dabei den Zucker einrieseln lassen. Die Eigelbe unterheben. Das Mehl mit der Stärke und dem Backpulver darübersieben und unterziehen. Die Masse in die Form füllen und im Ofen ca. 40 Minuten backen (Stäbchenprobe). Aus dem Ofen nehmen, abkühlen und auf ein Kuchengitter gestürzt vollständig auskühlen lassen.
2. Die Zitronen und die Limetten heiß waschen, trocken tupfen und die Schale abreiben. Die weiße Haut der Früchte abschneiden und das Fruchtfleisch fein pürieren. Mit dem Gelierzucker und dem Zitronenabrieb aufkochen. Etwa 5 Minuten sprudelnd kochen lassen, die Marmelade von der Hitze nehmen und abkühlen lassen.

FORTSETZUNG →

3. Die Gelatine in kaltem Wasser einweichen. Die Eigelbe mit dem Zucker cremig schlagen. Anschließend mit der Milch über einem heißen Wasserbad mit dem Schneebesen schlagen, bis die Flüssigkeit beginnt cremig zu werden. Von der Hitze nehmen und kurz weiterrühren. Die Gelatine ausdrücken und unter die Masse rühren, bis sie sich aufgelöst hat. Im kalten Wasserbad kalt rühren. Die Sahne steif schlagen und mit der Hälfte der Zitronenmarmelade unter die Creme ziehen. Kalt stellen, bis die Creme beginnt anzuziehen.
4. Den Biskuit waagrecht halbieren. Den unteren Boden mit etwa der Hälfte der Creme bestreichen und den Biskuit-Deckel auflegen. Rundherum mit der übrigen Creme einstreichen und mindestens 4 Stunden kalt stellen. Vor dem Servieren mit der übrigen Marmelade bestreichen und mit dem Limettenabrieb bestreuen. Nach Belieben mit Baiser- oder Sahnetupfen verzieren.

Zitronentarte mit frischen Beeren

ZUTATEN FÜR EINE TARTEFORM MIT 28 CM Ø

FÜR DEN BISKUIT

ca. 175 g Mehl • 75 g gemahlene geschälte Mandeln • 60 g Zucker • 1 Prise Salz • 100 g Butter • 1 Ei • weiche Butter für die Form • Mehl zum Arbeiten • Backbohnen oder getrocknete Hülsenfrüchte

FÜR DEN BELAG

2 Bio-Zitronen • 3 Eier • 150 g Zucker • 400 g Frischkäse • 200 g Quark • 2 EL Vanillepuddingpulver

ZUM DEKORIEREN

1 Handvoll Beeren, z.B. Himbeeren und Erdbeeren • ½ Pitahaya • ½ Bio-Zitrone • Baisers • Zuckerperlen

1. Das Mehl mit den Mandeln, dem Zucker und dem Salz auf die Arbeitsfläche häufeln und in die Mitte eine Mulde drücken. Die kalte Butter in Stücke schneiden und mit dem Ei in die Mulde geben. Sämtliche Zutaten mit dem Messer gut durchhacken, so dass kleine Teigkrümel entstehen. Mit den Händen rasch zu einem geschmeidigen Teig verkneten, der nicht mehr an den Händen klebt. Nach Bedarf noch ein wenig kaltes Wasser oder Mehl ergänzen. Zu einer Kugel formen, in Frischhaltefolie wickeln und ca. 30 Minuten kühl stellen.

FORTSETZUNG →

2. Den Ofen auf 180 °C Ober-/Unterhitze vorheizen. Die Tarteform ausbuttern. Den Teig auf bemehlter Arbeitsfläche ausrollen und die Tarteform damit auslegen. An Boden und Rand gut andrücken. Überstehende Ränder abschneiden. Mit Backpapier und Backbohnen belegen und im Ofen ca. 10 Minuten vorbacken. Aus dem Ofen nehmen, Bohnen und Papier entfernen und den Boden etwas abkühlen lassen.
3. Für den Belag die Zitronen heiß waschen und trocken tupfen. Die Schale abreiben und den Saft der Früchte auspressen. Die Eier mit dem Zucker cremig schlagen. Den Frischkäse, den Quark, den Zitronenabrieb und -saft zugeben und mit dem Puddingpulver glattrühren. Die Creme auf den Tarteboden füllen und zurück im Ofen bei 170 °C Ober-/Unterhitze ca. 40 Minuten fertig backen. Dann aus dem Ofen nehmen und auskühlen lassen.
4. Zum Dekorieren die Beeren verlesen und die Erdbeeren halbieren. Das Pitahaya-Fruchtfleisch in dünne Scheiben schneiden und Blüten daraus ausstechen. Die Zitrone waschen, halbieren und in dünne Scheiben schneiden. Die Früchte auf der Tarte auslegen und mit Baisers und Zuckerperlen dekorieren.

Zitronen-Baumstammkuchen

ZUTATEN FÜR EINE ROLLE

FÜR DEN BISKUIT

½ Bio-Zitrone • 5 Eier • 120 g Zucker • 125 g Mehl • 2 EL Speisestärke • Zucker zum Bestreuen

FÜR DIE FÜLLUNG

2 Bio-Zitronen • 500 ml Milch • 60 g Zucker • 4 Eigelb • 2 EL Vanillezucker • 2 EL Speisestärke

FÜR DAS BAISER

3 Eiweiß • 150 g Puderzucker

AUßERDEM

Gasbrenner

1. Den Ofen auf 200 °C Ober-/Unterhitze vorheizen. Ein Backblech mit Backpapier auslegen.
2. Für den Biskuit die Zitrone heiß waschen, trocken tupfen und die Schale abreiben. Den Saft auspressen. Die Eier trennen und das Eiweiß mit dem Zitronensaft und -abrieb steif schlagen. Den Zucker einrieseln lassen und weiter steif schlagen. Die Eigelbe unterziehen. Das Mehl mit der Stärke darübersieben und unterheben. Die Masse auf das Blech streichen und im Ofen 10–15 Minuten backen (Stäbchenprobe). Auf ein mit Zucker bestreutes Küchentuch stürzen, das Papier abziehen und den Biskuit mit Hilfe des Tuches zu einer Rolle aufrollen. Abkühlen lassen.

FORTSETZUNG →

3. Für die Füllung die Zitronen heiß waschen, trocken reiben und die Schale dünn abschneiden. Den Saft der Zitronen auspressen. Die Milch mit dem Zucker und der Zitronenschale in einem Topf aufkochen lassen. Rühren, bis sich der Zucker aufgelöst hat. Vom Herd ziehen und etwa 10 Minuten ziehen lassen. Durch ein Sieb gießen. Die Eigelbe mit dem Vanillezucker in einer Schüssel cremig schlagen. Die Stärke zufügen und die Masse unter Rühren in die warme Zitronen-Milch einfließen lassen. Alles auf kleiner Flamme unter ständigem Rühren andicken lassen. Vom Herd nehmen und unter regelmäßigem Rühren lauwarm abkühlen lassen.
4. Den Biskuit vorsichtig ausbreiten, mit etwas Zitronensaft beträufeln und mit der Zitronenfüllung bestreichen. Erneut aufrollen und mindestens 2 Stunden kalt stellen.
5. Zum Servieren das Eiweiß mit 2 EL Zitronensaft und dem Puderzucker steif schlagen. Mit Hilfe eines Spritzbeutels mit gezackter Tülle kleine Tupfer auf die Rolle setzen und mit einem Gasbrenner abflämmen, bis sich goldbraune Spitzen zeigen. In Scheiben schneiden und servieren.

Limoncello-Zitronensorbet

in Zitronenschale

ZUTATEN FÜR 4 PERSONEN

4 Bio-Zitronen
100 g Puderzucker
1 Eiweiß
8 cl Limoncello
Crushed Ice zum Anrichten
Minze zum Dekorieren

1. Die Zitronen heiß waschen, trocken tupfen und längs vierteln. Das Fruchtfleisch aus der Schale schaben, pürieren und durch ein feines Sieb passieren. Dabei die Schale möglichst nicht beschädigen.
2. Den Puderzucker mit 200 ml Wasser in einen Topf füllen und aufkochen lassen. 5 Minuten kochen, das Zitronenfruchtfleisch untermischen und abkühlen lassen. Mindestens 2 Stunden kalt stellen.
3. Das Eiweiß steif schlagen und mit dem Limoncello unter den Sirup ziehen. In der Eismaschine cremig gefrieren lassen oder in eine flache Schüssel füllen und unter regelmäßigem Rühren mindestens 4 Stunden gefrieren lassen. Die Zitronenschale währenddessen kalt stellen.
4. Die Zitronenviertel anschließend mit dem Sorbet füllen, glatt streichen und wieder ca. 1 Stunde gefrieren lassen. Auf Eis servieren und mit Minze dekorieren.

Lemon Curd mit Zitrone und Limette

ZUTATEN FÜR 2 GLÄSER À CA. 300 ML

3 Bio-Zitronen
2 Bio-Limetten
75 g Butter
150 g Zucker
3 Eier

1. Die Zitronen und Limetten heiß waschen, trocken tupfen und die Schale abreiben. Den Saft aller Früchte auspressen und durch ein Sieb gießen. Die Butter über einem heißen Wasserbad mit dem Zucker, dem Abrieb und dem Saft verrühren und so lange weiterrühren, bis die Butter geschmolzen ist.
2. Die Eier verquirlen, nach und nach zugeben, unterrühren und auf dem heißen Wasserbad weiterrühren, bis die Masse cremig wird.
3. In kochend heiß ausgespülte Gläser füllen, gut verschließen, auskühlen lassen und im Kühlschrank aufbewahren.

TIPP

Das Lemon Curd kann auch nur mit Zitronen hergestellt werden. Dann einfach 5 Zitronen verwenden.

Salzzitronen oder konfierte Zitronen

ZUTATEN FÜR 10 ZITRONEN

12 Bio-Zitronen
10 EL grobes Meersalz
4 Zweige Rosmarin
2 TL weiße Pfefferkörner
ca. 1 l Olivenöl

1. 10 Zitronen heiß waschen, trocken tupfen und die Hälfte jeweils rundherum mehrmals einstechen. Die übrigen Zitronen längs vierteln. Jeweils mit etwas Salz bestreut in vorbereitete Schraubgläser schichten. Mit dem übrigen Salz bestreuen. Die Zitronen gut andrücken, so dass etwas Saft austritt. Dann verschließen und an einem kühlen Ort 24 Stunden ziehen lassen. Zwischendurch schütteln.
2. Anschließend den Saft der übrigen beiden Zitronen auspressen und über die Zitronen im Glas gießen. Den Rosmarin abbrausen, kleiner zupfen und auf die Gläser verteilen. Den Pfeffer ergänzen, dann vollständig mit Öl auffüllen und vor dem Verbrauch ca. 4 Wochen an einem kühlen, dunklen Ort ziehen lassen.

VERLAGSGRUPPE PATMOS

PATMOS
ESCHBACH
GRÜNEWALD
THORBECKE
SCHWABEN
VER SACRUM

Die Verlagsgruppe
mit Sinn für das Leben

Klimaneutral
Druckprodukt
ClimatePartner.com/14549-2003-1001

Symbole:

VEGAN

VEGETARISCH

Für die Schwabenverlag AG ist Nachhaltigkeit ein wichtiger Maßstab ihres Handelns. Wir achten daher auf den Einsatz umweltschonender Ressourcen und Materialien.

Gestaltung: Finken & Bumiller, Stuttgart
Rezepte: Stockfood Rezepte Service
Druck: Firmengruppe APPL, aprinta druck, Wemding
Hergestellt in Deutschland
ISBN 978-3-7995-1480-4

Bildnachweis:
mauritius images/José Manuel Gelpi Díaz/Alamy: Vorsatzpapier; Lukam/Photocuisine: Seite 4; Kerouédan/Photocuisine: Seite 7, 8, 27, 36, 43; S'Cuiz in/Photocuisine: Seite 11, 54; Thys/Photocuisine: Seite 12, 15, 16, 23, 28; Ploton/Photocuisine: Seite 19; Czerw/Photocuisine: Seite 20; Swalens/Photocuisine: Seite 24, 31, 44; Pessaris/Photocuisine: Seite 32; Lady Coquillette/Photocuisine: S. 35; Garnier/Photocuisine: Seite 39, 40; Syl d AB/Photocuisine: Seite 46; mauritius images/Photocuisine: Seite 49; Velsberg/foodcollection: Seite 50; mauritius images/Radius Images: Seite 53; mauritius images/Villorejo/Alamy: Seite 57; Cultura Creative/ Photocuisine: Seite 58; Leser/Photocuisine: Seite 61; Bilic/Photocuisine: Seite 62; mauritius images/Pixel-shot/Alamy: Nachsatzpapier.
Wir danken den Rechteinhabern für die freundliche Genehmigung zum Abdruck.